LIBRO RECOMENDADO

Jarosław Jankowski

¿Sabes quién eres?
Una guía por los 16 tipos de personalidad ID16™©

¿Por qué somos tan diferentes? ¿Por qué
asimilamos la información de forma distinta,
descansamos de otra manera, tomamos
decisiones de otra forma y organizamos
de manera diferente nuestra vida?

«¿Sabes quién eres?» te permitirá
comprenderte mejor a ti mismo y a los demás.
El test ID16™© incluido en el libro te ayudará
a determinar tu tipo de personalidad, ofreciéndote
una valiosa introspección.

Tu tipo de personalidad:
Innovador
(ENTP)

Tu tipo de personalidad:
Innovador
(ENTP)

JAROSŁAW JANKOWSKI

LOGOS MEDIA

Tu tipo de personalidad: Innovador (ENTP)

Esta publicación puede ayudarte a utilizar mejor tu potencial, a crear relaciones saludables con otras personas y a tomar buenas decisiones en lo relativo a la educación y la carrera profesional. Sin embargo, en ningún caso debería ser tratada como un sustituto de una consulta psicológica o psiquiátrica especializada. El autor y el editor no asumen la responsabilidad por los eventuales daños resultantes de un uso indebido de este libro.

ID16™© es una tipología de la personalidad original. No se la debe confundir con las tipologías y los test de personalidad de otros autores o instituciones.

Título original: Twój typ osobowości: Innowator (ENTP)

Traducción del idioma polaco: Ángel López Pombero, Lingua Lab, www.lingualab.pl

Redacción: Xavier Bordas Cornet, Lingua Lab, www.lingualab.pl

Redacción técnica: Zbigniew Szalbot

Editor: LOGOS MEDIA

ISBN (versión impresa): 978-83-7981-197-7
ISBN (EPUB): 978-83-7981-198-4
ISBN (MOBI): 978-83-7981-199-1

Índice

Prólogo

Tu tipo de personalidad: Innovador (ENTP) es un extraordinario compendio de conocimiento acerca del *innovador*, uno de los 16 tipos de personalidad ID16[TM©].

Esta guía es parte de la serie ID16[TM©], formada por 16 libros dedicados a los diferentes tipos de personalidad. De forma exhaustiva y clara responden a las siguientes preguntas:

- ¿Qué piensan y sienten las personas que pertenecen a un determinado tipo de personalidad? ¿Cómo toman las decisiones? ¿Cómo solucionan los problemas? ¿De qué tienen miedo? ¿Qué les irrita?

- ¿Con qué tipos de personalidad se relacionan y cuáles evitan? ¿Qué tipo de amigos, cónyuges, padres son? ¿Cómo los ven los demás?

- ¿Qué predisposiciones profesionales tienen? ¿En qué entorno trabajan de manera más efectiva? ¿Qué profesiones se corresponden mejor con su tipo de personalidad?

- ¿En qué son buenos y en qué deben mejorar? ¿Cómo deben aprovechar su potencial y evitar las trampas?

- ¿Qué personas conocidas pertenecen a un determinado tipo de personalidad?

- ¿Qué sociedad muestra más rasgos característicos de un determinado tipo?

En este libro también encontrarás la información más importante sobre la tipología ID16$^{TM©}$.

Esperamos que te ayude a conocerte mejor a ti mismo y a los demás.

EDITORES

ID16™© entre las tipologías de personalidad de Jung

ID16™© pertenece a la familia de las denominadas tipologías de personalidad de Jung, que hacen referencia a la teoría de Carl Gustav Jung (1875 – 1961), psiquiatra y psicólogo suizo, uno de los principales representantes de la denominada psicología profunda.

Sobre la base de muchos años de estudio y observación, Jung llegó a la conclusión de que las diferencias en las actitudes y las preferencias de las personas no son casuales. Creó la división, bien conocida hoy en día, entre extrovertidos e introvertidos. Además, distinguió cuatro funciones de la personalidad, que forman dos pares de factores contrarios: percepción – intuición y pensamiento – sentimiento. Estableció también que en cada una de estas parejas domina una de las funciones. Jung llegó a la convicción de que las funciones dominantes de cada persona son permanentes e independientes de las condiciones externas y que su resultante es el tipo de personalidad.

En el año 1938 dos psiquiatras estadounidenses, Horace Gray y Joseph Wheelwright, crearon el primer test de personalidad basado en la teoría de Jung, que permitía determinar las funciones dominantes en las tres dimensiones descritas por él: **extroversión – introversión, percepción – intuición** y **pensamiento – sentimiento**. Este test se convirtió en una inspiración para otros investigadores. En el año 1942, también en suelo americano, Isabel Briggs Myers y Katharine Briggs comenzaron a emplear su propio test de personalidad, ampliando el clásico modelo tridimensional de Gray y Wheelwright con una cuarta dimensión: **juicio – percepción**. La mayoría de las tipologías y test de personalidad posteriores, referidos a la teoría de Jung, también toman en consideración esta cuarta dimensión.

Pertenecen a ellas, entre otros, la tipología americana publicada en el año 1978 por David W. Keirsey, así como el test de personalidad creado en Lituania en los años 70 del siglo XX por Aušra Augustinavičiūtė. En las décadas posteriores, investigadores de diferentes partes del mundo fueron tras sus huellas. Ellos crearon otras tipologías con cuatro dimensiones y varios test de personalidad adaptados a las condiciones y necesidades locales.

A este grupo pertenece la tipología de personalidad independiente ID16™©, desarrollada en Polonia por el pedagogo y mánager Jarosław

Jankowski. Esta tipología, publicada en la primera década del siglo XXI, también se basa en la teoría clásica de Carl Jung. Al igual que otras tipologías de Jung contemporáneas, se inscribe en la corriente del análisis tetradimensional de la personalidad. En el marco de ID16™© estas dimensiones se llaman las **cuatro tendencias naturales**. Estas tendencias tienen un carácter dicotómico y su imagen proporciona información sobre el tipo de personalidad de la persona. El análisis de la primera tendencia tiene como objetivo determinar la **fuente de energía vital** dominante (el mundo exterior o el mundo interior). El análisis de la segunda tendencia determina la **forma dominante de asimilación de la información** (a través de los sentidos o a través de la intuición). El análisis de la tercera tendencia determina la **forma de toma de decisiones** dominante (según la razón o el corazón). El análisis de la cuarta tendencia determina, sin embargo, el **estilo de vida** dominante (organizado o espontáneo). La combinación de todas estas tendencias naturales da como resultado **16 posibles tipos de personalidad**.

La característica especial de la tipología ID16™© es su dimensión práctica. Esta describe los diferentes tipos de personalidad según se comportan en la acción: en el trabajo, en la vida diaria y en las relaciones con otras personas. No se concentra en la dinámica interna de la personalidad, ni tampoco intenta aclarar teóricamente procesos interiores e invisibles. Más bien se concentra en cómo un determinado tipo de personalidad se manifiesta al exterior y de qué forma influye sobre el entorno. Este acento en el aspecto social de la personalidad aproxima de cierto modo la tipología ID16$^{TM©}$ a la tipología de Aušra Augustinavičiūtė anteriormente mencionada.

Cada uno de los 16 tipos de personalidad ID16$^{TM©}$ es la resultante de las tendencias naturales de la persona. La inclusión en un determinado tipo no tiene, sin embargo, características evaluativas. Ningún tipo de personalidad es mejor o peor que los otros. Cada uno de los tipos es simplemente diferente y cada uno tiene sus puntos potencialmente fuertes y débiles. ID16$^{TM©}$ permite identificar y describir estas diferencias. Ayuda a comprenderse a uno mismo y a descubrir nuestro lugar en el mundo.

Conocer el perfil propio de personalidad permite a las personas aprovechar en su totalidad su potencial y trabajar en las áreas que pueden causarles problemas. Este conocimiento constituye una ayuda inestimable en la vida diaria, en la solución de problemas, en la creación de relaciones sanas con otras personas y en la toma de decisiones acerca de la educación y la carrera profesional.

La determinación del tipo de personalidad no es un proceso de carácter arbitrario y mecánico. Cada persona, como «propietario y usuario de su personalidad» es plenamente competente para determinar a qué tipo pertenece. Su papel en este proceso es, por lo tanto, crucial. Esta autoidentificación puede realizarse analizando las descripciones de los 16 tipos de personalidad y estrechando gradualmente el campo de elección. Sin embargo, se puede elegir un camino más corto: utilizar el test de personalidad ID16™©. También en este caso, el «usuario de la personalidad» tiene un papel primordial, ya que el resultado del test depende exclusivamente de las respuestas del usuario.

La identificación del tipo de personalidad ayuda a conocerse a uno mismo y a los demás; no obstante, no debería ser tratada como una profecía que predestina el futuro. El tipo de personalidad nunca puede justificar nuestras debilidades o nuestras malas relaciones con otras personas (¡aunque puede ayudar a comprender sus motivos!).

En el marco de ID16™© el tipo de personalidad no es tratado como un estado estático, genéticamente determinado, sino como la resultante de características innatas y adquiridas. Este enfoque no quita importancia al libre albedrío, ni tampoco pretende clasificar a las personas. Abre ante nosotros nuevas perspectivas que nos animan a trabajar sobre nosotros mismos, y a su vez estas perspectivas nos muestran las áreas en las que este trabajo es más necesario.

Innovador (ENTP)

TIPOLOGÍA DE PERSONALIDAD ID16™©

La personalidad a grandes rasgos

Lema vital: *Y si probamos a hacerlo de otra forma...*

Ingenioso, original e independiente. Optimista. Enérgico y emprendedor. Persona de acción: le gusta estar en el centro de los acontecimientos y resolver «problemas irresolubles». Tiene curiosidad por el mundo, y es propenso al riesgo y suele ser impaciente. Visionario, abierto a nuevas ideas y ocurrencias. Le gustan las nuevas experiencias y los experimentos. Percibe las relaciones entre acontecimientos concretos y piensa a largo plazo.

Espontáneo, comunicativo y seguro de sí mismo. Propenso a sobrevalorar sus propias posibilidades. Tiene problemas para llevar los asuntos hasta el final.

Tendencias naturales del *innovador*:

- Fuente de energía vital: mundo exterior.
- Asimilación de información: intuición.
- Toma de decisiones: razón.
- Estilo de vida: espontáneo.

Tipos de personalidad similares:

- *Director*
- *Lógico*
- *Estratega*

Datos estadísticos:

- Los *innovadores* constituyen el 3-5% de la población.
- Entre los *innovadores* predominan claramente los hombres (70%).
- El país que se corresponde con el perfil de *innovador* es Israel[1].

Código literal:

El código literal universal del *innovador* en las tipologías de personalidad de Jung es ENTP.

Características generales

Los *innovadores* son observadores, brillantes e ingeniosos. Se mueven libremente por el mundo

---

[1] Esto no quiere decir que todos los habitantes de Israel pertenezcan a este tipo de personalidad, sino que la sociedad israelí, en su conjunto, tiene muchas características del *innovador*.

de los sistemas complicados y las teorías complejas. Se caracterizan por tener un enfoque creativo de los problemas. Saben dividir su atención y compaginar varias cosas al mismo tiempo. Les interesa el mundo y los fenómenos que suceden en él. Les intrigan todos los misterios. Valoran las ideas y teorías que pueden aplicarse en acciones prácticas, por ejemplo, las que ayudan a resolver problemas concretos, facilitan la vida o permiten aumentar la eficiencia del trabajo. Sin embargo, les cuesta entender a las personas que se contentan con reflexiones puramente teóricas.

Resolución de problemas

Al analizar los problemas adoptan una perspectiva amplia. Los miran desde diferentes ángulos y a menudo ven más cosas que los demás. Su análisis lo suelen hacer a varios niveles y sus reflexiones e ideas normalmente adoptan la forma de sistemas coherentes. En situaciones críticas (cuando los demás lo ven todo negro), los *innovadores* son capaces de percibir también las posibilidades y oportunidades. Sin embargo, en los momentos de euforia y satisfacción general, son capaces de prever riesgos y futuros problemas potenciales. Sus valoraciones son, por lo general, extraordinariamente acertadas.

Perciben de forma más clara que los demás la esencia de los problemas y obtienen una enorme satisfacción al resolverlos. Abordan las tareas de una forma innovadora, nada convencional. Por lo general buscan soluciones fundamentales, sistemáticas y de largo alcance, que dan en el clavo del problema. Les irritan las soluciones provisionales que enmascaran los problemas, o los dejan para más adelante, pero sin eliminar sus causas. Normalmente son exigentes con ellos mismos y con los demás. Ponen toda su energía en la realización de las tareas de las que están convencidos. No consideran ni escatiman el tiempo dedicado a ello.

Al encontrarse con un problema, los *innovadores* son capaces de comprender rápidamente su esencia y de emprender las acciones necesarias. Se guían por la lógica y por premisas objetivas y no se dejan engañar por las apariencias. Si se produce un cambio de las condiciones y circunstancias, también son capaces de reaccionar rápidamente a la nueva situación y corregir las decisiones anteriores. Al emprender una acción, a veces olvidan el llamado factor humano. Piensan si deberían proceder de determinada forma y si de hacerlo, sería una decisión racional; pero, con menos frecuencia se interesan por cómo será recibido su comportamiento por parte de los demás. Esta actitud hace que su actuación a veces sea percibida como inhumana o poco ética. Sin embargo, no se les puede acusar de actuar de forma irracional o ilegal.

Percepción del mundo

Los *innovadores* son capaces de percibir los principios generales que rigen el mundo y de establecer vínculos entre fenómenos concretos, que en apariencia no tienen nada en común. Unen en un todo diversos elementos aislados, formando sistemas coherentes. Distinguen también esquemas de comportamientos humanos repetitivos y son capaces de formular teorías que los describen. Perciben la vida como un rompecabezas: constantemente buscan los elementos que faltan y se alegran cuando las diferentes piezas empiezan a formar un todo. Descubrir lo desconocido supone para ellos una mayor satisfacción que los conocimientos y la experiencia que ya atesoran. Son capaces de aprovechar las experiencias de otras personas y los medios y herramientas disponibles (sin embargo, frecuentemente lo hacen de forma innovadora y no convencional). Por lo general son unos perfectos estrategas y planificadores.

Pensamientos

Los *innovadores* buscan la perfección. Piensan a largo plazo, reflexionan acerca de las necesidades existentes, los problemas por resolver y las varias posibilidades que se pueden presentar. Su mente constantemente trabaja con intensidad, también cuando descansan. Siempre sienten una tensión creativa y una intranquilidad característica. Desean mejorar y perfeccionar las soluciones existentes. Los nuevos retos les dan energía. Las nuevas ideas y teorías los estimulan, porque permiten ver los problemas actuales de otra forma. En todo lo que les rodea perciben oportunidades y posibilidades para el futuro.

Tareas

Independientemente de la profesión que ejerzan, por lo general se caracterizan por el enfoque creativo e innovador con el que afrontan las tareas.

Les fascinan los nuevos descubrimientos y las soluciones técnicas pioneras. A menudo, son valientes innovadores (de ahí el nombre de este tipo de personalidad). Se apasionan rápidamente por nuevas ideas y son capaces de contagiar su entusiasmo a los demás, gracias a lo cual consiguen fácilmente compañeros de trabajo que les ayudan a realizar sus atrevidos proyectos y visiones. A veces, sobrevaloran sus posibilidades. Normalmente los nuevos desafíos los atraen con fuerza, debilitando así su entusiasmo por las tareas ya emprendidas anteriormente.

Un problema general de los *innovadores* es que se distraen rápidamente: les atraen tantas cosas y desean realizar tantas ideas que a veces no están en condiciones de llevarlas hasta el final. Esta situación a menudo conduce a su frustración y a un estado de irritación. También les ponen nerviosos las actividades rutinarias y obligaciones diarias, pues según ellos, los limitan y les arrebatan un tiempo valioso.

Pasión

A menudo los *innovadores* se interesan por las novedades de la técnica. Buscan, antes y con más ganas que los demás, los nuevos dispositivos que llegan al mercado (que todavía no han sido ampliamente introducidos). Son considerados unos expertos entre sus amigos. Cuando la mayoría de las personas llega a la conclusión de que merece la pena interesarse por algún nuevo aparato o dispositivo, los *innovadores* normalmente ya tienen una prolongada experiencia en su utilización. Aún más, normalmente no se limitan a utilizar las principales funciones de los dispositivos, sino que también descubren sus opciones más avanzadas e incluso intentan, por la vía de la experimentación, utilizar los equipos de forma no convencional (no prevista por el fabricante).

De ahí que suela ocurrir que, de este modo, destrozan los dispositivos (sobre todo, cuando son jóvenes), aunque también a menudo son capaces de mejorarlos, introduciendo valiosas innovaciones o añadiendo nuevas funciones. Con el tiempo, muchos *innovadores* se convierten no solo en racionalizadores, sino también en autores de proyectos, constructores e inventores. Su carácter innovador también se manifiesta mediante la creación de nuevos sistemas de organización del trabajo, nuevas ideas para los negocios y nuevos conceptos que explican fenómenos que ocurren en el mundo.

A los *innovadores* normalmente les gusta viajar, y les gusta conocer otros lugares, culturas diferentes y otras formas de ver el mundo. Por lo general, están abiertos a las soluciones atípicas, no estereotipadas y no convencionales. También se adaptan fácilmente a las condiciones cambiantes. Las nuevas experiencias son para ellos una inspiración y un impulso para actuar. No temen los experimentos y a menudo afrontan las tareas de forma totalmente nueva y original. Les cuesta entender a las personas que creen que, a la hora de resolver los problemas, es mejor ceñirse a métodos convencionales y comprobados.

Ante los cambios

A los *innovadores* les atraen los cambios. Les inspira la idea de un nuevo inicio: la posibilidad de empezar la vida de nuevo, de aprovechar nuevas oportunidades, de atrapar nuevas posibilidades. Con más frecuencia que los demás, revisan a fondo su escala actual de valores, se entregan a una nueva idea o reorientan totalmente su vida. Los *innovadores* no temen lo nuevo ni lo desconocido. No les molesta que nadie haya hecho antes lo que ellos hacen, o que pocas personas compartan sus ideas.

Les gusta ser los primeros y se sienten de maravilla desempeñando el papel de guías y precursores que marcan el camino, indican la dirección y dirigen a los demás hacia nuevos horizontes. No son de los que se rinden rápidamente. Perciben los obstáculos y las limitaciones como un reto y una aspiración para actuar. Les gusta implantar nuevos proyectos y soluciones pioneras. Tras implantarlas, a menudo las dejan al cuidado de otros, mientras ellos se encargan de otros problemas. Por lo general, les excitan más la fase inicial y de concepción del proyecto y su implantación, mientras que soportan mal un trabajo rutinario consistente en la realización de acciones repetitivas.

Actitud ante los demás

Los *innovadores* respetan a las demás personas. En especial a aquellas que son capaces de aceptar retos, luchar contra las contrariedades, hacer frente a las dificultades y pelear por una causa justa, exponiéndose de manera consciente a la crítica, la resistencia o la incomprensión del entorno. Valoran a las personas que tienen el coraje de introducir cambios impopulares (aunque necesarios), alterando el orden establecido y cuestionando el status quo. Sin embargo, les cuesta tolerar los errores ajenos y la negligencia. Son impacientes con los que tienen menos conocimientos y experiencia, o no son capaces de seguirles el paso.

A menudo no pueden entender que otras personas no perciban las cosas que a ellos les parecen evidentes. Tampoco son capaces de comprender a los que son pasivos y no generan iniciativas. La falta de entusiasmo la perciben — a menudo injustamente — como una manifestación de pasividad o pereza. Por lo general, no son capaces de mirar tranquilamente un trabajo mal hecho. En tales situaciones, llaman inmediatamente la atención a los demás, les señalan los errores e intentan corregir su comportamiento. También les irritan las decisiones irracionales e ilógicas de las demás personas.

A los ojos de los demás

Los *innovadores* son percibidos como personas decididas, fuertes y seguras de sus motivaciones. Normalmente, los demás también los ven como seres creativos, racionales y competentes. La gente sabe que ante problemas serios se puede contar con su ayuda y su consejo. Su seguridad en sí mismos, sin embargo, a menudo es percibida como arrogancia y prepotencia.

A muchas personas les irrita que a los *innovadores* les guste estar en el centro de atención, apostar por lo suyo y tener siempre la razón. Algunos también critican su falta de empatía, su frialdad, sus excesivas exigencias y su insensibilidad ante las necesidades de los demás. Su afición por los cambios y su continua persecución de novedades hace que algunos los vean como inconsecuentes, caóticos y poco perseverantes.

Comunicación

El punto fuerte de los *innovadores* es la comunicación verbal. Son capaces de describir problemas complejos y teorías difíciles de forma sencilla y comprensible. Se expresan de forma muy precisa, utilizando conscientemente determinadas palabras. Por lo general, se caracterizan por su seguridad en sí mismos. Incluso cuando están en minoría no dudan en expresar públicamente sus convicciones. En las discusiones, son tertulianos difíciles y polémicos, ya que son capaces de presentar de forma convincente e ingeniosa sus razones, y saben demostrar lo que es justo de sus puntos de vista.

Por lo general, les gusta discutir y polemizar, aunque sea por puro placer. También pueden responder rápidamente a las preguntas y rebatir argumentos. No temen la crítica, los conflictos ni una reacción desfavorable de los demás. Es difícil herirles o hacerles daño. Normalmente, tampoco se dan cuenta de que los demás tienen un nivel de tolerancia a la crítica más bajo que la suya, y a menudo los hieren inconscientemente con sus observaciones rudas. También pueden interrumpir a los demás y no dejarles acabar. Este comportamiento desconcierta y desanima a sus interlocutores menos seguros de sí mismos.

Ante situaciones de estrés

Normalmente los *innovadores* disfrutan del trabajo profesional. Sin embargo, su actitud entusiasta hacia las tareas realizadas a menudo altera el equilibrio entre el trabajo y el descanso. El cansancio y el estrés prolongado pueden hacer que se vuelvan obstinados, inflexibles, y que empiecen a realizar su plan a toda costa, «caiga quien caiga». Otra posible reacción al estrés es un exagerado miedo a las enfermedades y el sufrimiento, o también una sensación de soledad, abandono y alienación.

Aspecto social de la personalidad

Los *innovadores* son abiertos al mundo y a otras personas. Es relativamente fácil aproximarse y establecer contacto con ellos. Les gusta estar donde pasa algo. Soportan mal el aislamiento y la soledad prolongada. En los contactos con los demás, no suelen causar problemas, son más bien espontáneos y flexibles. Les gusta conocer a gente nueva y entablar nuevas amistades. Se sienten bien en el papel de anfitriones de una reunión.

Les encantan las sorpresas y la diversión espontánea y se adaptan fácilmente a la situación. Sin embargo, se pierden en el mundo de las emociones y sentimientos humanos. Las personas emocionales y sentimentales pueden verlos como seres distantes e insensibles. También se les puede acusar de tratar de forma instrumental a las personas (por ejemplo, percibir a los demás como una fuente de información o una herramienta para resolver problemas).

A los *innovadores* les gustan las disputas, los debates, y por lo general soportan bien la confrontación. Valoran a las personas que son capaces de luchar en defensa de sus ideas. A menudo, esta actitud desalienta a los que no tienen ese tipo de necesidades. A su vez, los *innovadores* perciben las pocas ganas de confrontación de sus adversarios como una señal de debilidad o de no estar convencidos del todo de sus propios puntos de vista.

Entre amigos

A los *innovadores* les importan las relaciones buenas y cordiales con la gente. La esencia de sus vínculos de amistad radica en el intercambio de información, el hecho de compartir ideas y ocurrencias y la resolución conjunta de los problemas. Los encuentros con otras personas les proporcionan energía, les ayudan a desarrollarse y son para ellos una inspiración positiva.

A los *innovadores* les encantan las conversaciones inspiradoras con personas que son importantes para ellos y son capaces de discutir sobre cualquier cosa. Por lo general, no hay temas tabú para ellos y no tienen miedo a que la discusión pueda derivar hacia una dirección peligrosa (por ejemplo, incitarles a verificar sus anteriores convicciones). Les gusta pasar el tiempo con personas con unos intereses amplios, que les ayuden a ver los problemas desde otro ángulo y que — como ellos — no tengan miedo a las nuevas ideas y los retos. Ellos mismos también comparten de buen grado sus pensamientos y conocimientos. Su carácter abierto, su flexibilidad y espontaneidad los convierten en unos oradores agradables y una grata compañía para todos.

Los amigos de los *innovadores* son frecuentemente personas parecidas a ellos, que destacan por su inteligencia, ingenio y por su mente sagaz. A los demás les prestan atención principalmente cuando ellos muestran interés por sus ideas y pensamientos. Según la percepción de muchos *innovadores* la amistad debería enriquecer a las personas y ayudarles a desarrollarse; pero, si al contrario, ya no aporta nada, se puede dar por acabada. Entre sus amigos se pueden encontrar a *directores*, *lógicos*, *animadores* y otros *innovadores*. Más raramente a *protectores*, *defensores* y *artistas*.

En el matrimonio

Como maridos/esposas los *innovadores* tratan con seriedad sus obligaciones. Aportan a las relaciones humanas optimismo, entusiasmo y espontaneidad. Les gustan las nuevas experiencias y los experimentos: es difícil aburrirse con ellos. Demuestran su entrega no tanto mediante gestos de afecto y palabras cálidas, sino con acciones concretas: son personas de acción. Por lo general, son poco sensibles a los sentimientos de sus parejas y suelen no ser conscientes de sus necesidades emocionales. Pueden amarlos sinceramente, y al mismo tiempo no darse cuenta en absoluto de sus sentimientos, emociones y experiencias. Sin embargo, con un poco de esfuerzo pueden cambiar esto. ¡En relaciones con personas de carácter romántico, este esfuerzo es absolutamente necesario!

Los *innovadores* no tienen demasiadas necesidades emocionales. Les gusta saber que, en la vida, son importantes para su cónyuge o pareja, y que son queridos, pero normalmente no esperan de ellas palabras de afecto ni cumplidos, ni tampoco una asidua confirmación de su amor y cariño. Para las parejas románticas y sentimentales, la actitud de los *innovadores* hacia la confrontación y las disputas representa un gran problema. A menudo, ocurre que con sus observaciones o comentarios críticos los *innovadores* hieren a sus allegados, incluso sin sospechar que les están haciendo sufrir. Normalmente les gusta tener razón, y a menudo tienen problemas para reconocer errores y su debilidad. También tienen dificultades para expresar sus propios sentimientos y emociones.

En periodos de trabajo intenso o en situaciones de estrés llegan a ser parejas difíciles: pueden volverse obstinados, no tener en cuenta las necesidades de los demás o ejercer presión sobre ellos. Los *innovadores* se apasionan rápidamente por las nuevas ideas, y por eso pasan de inmediato a trabajar en tareas que despierten su entusiasmo. Son capaces de dedicarles toda su energía y su tiempo. Esto puede ser un problema en las relaciones, especialmente cuando sus parejas no comparten o no entienden sus pasiones. El entusiasmo de los *innovadores* puede referirse a asuntos relacionados con la vida familiar (tienen tendencia a tratar los problemas y tareas como proyectos que deben ser realizados). Sin embargo, sucede que su entusiasmo se acaba cuando aparecen en el horizonte nuevas tareas y retos más excitantes. Aunque sus decisiones son sinceras, suelen tener dificultad para mantener las promesas hechas y realizar las ideas por las que se entusiasmaron al principio. Una amenaza potencial para la estabilidad de sus relaciones es su característica necesidad de tener nuevas sensaciones y su afición por las aventuras y los experimentos. Los *innovadores* desean mantener una buena relación con su pareja, y en caso de dificultades, por lo general no buscan separarse, aunque cuando consideran que la relación se ha vuelto dañina y destructiva, pueden darla por acabada.

Los candidatos naturales para maridos/esposas de los *innovadores* son personas de tipos de personalidad afines: *directores*, *lógicos* o *estrategas*. En estos matrimonios, es más fácil crear una comprensión mutua y unas relaciones armoniosas. Sin embargo, la experiencia muestra que las personas pueden crear relaciones exitosas y felices, también a pesar de una evidente disconformidad tipológica. Aún más, las diferencias entre los cónyuges pueden aportar dinamismo a estas relaciones y ayudar al desarrollo personal (a muchas personas esta perspectiva les parece más atractiva que la visión de una relación armoniosa, en la que siempre reina el acuerdo y una plena comprensión mutua).

Como padres

Como padres, los *innovadores* comprenden perfectamente la curiosidad infantil por el mundo. En cierto sentido ellos mismos tienen algo de niño en su interior y nunca pierden la curiosidad infantil: les gustan los experimentos, las aventuras y los juegos. Intentan dar a sus hijos todas las experiencias y estímulos posibles. Organizan de buen grado diferentes excursiones y juegos aventurados, con los que ellos mismos se divierten tanto como sus hijos. Por lo general, les inculcan la habilidad de pensar de forma crítica e intentan educar a los hijos como personas independientes y autónomas, que sean capaces de valorar objetivamente los hechos y tomar decisiones racionales y lógicas.

Su carácter imprevisible puede llegar a ser un problema para la familia. A veces, hacen promesas a sus hijos o acuerdan algo con ellos que después les cuesta cumplir. También se distraen con facilidad: absorbidos por una nueva visión de algo, se entregan totalmente a su nuevo foco de interés para realizarlo, olvidando a veces las necesidades de sus hijos o las promesas anteriores. Los hijos adultos de los *innovadores* los valoran porque, en su día, respetaron su independencia, les apoyaron en el desarrollo de sus pasiones y les enseñaron a ser autónomos. Recuerdan también con agrado las excursiones y experimentos en familia, y todos los momentos valiosos pasados juntos jugando con sus padres *innovadores*.

Trabajo y carrera profesional

A los *innovadores* les gustan los trabajos que creen posibilidades de experimentar. Son perfectos en tareas pioneras y a menudo emplean métodos que otros no se atrevieron a probar. Buscan nuevas soluciones o emplean las ya existentes de forma innovadora, creando así una calidad totalmente nueva. Les gustan las «tareas irrealizables» y actúan de buen grado en la primera línea del frente.

Capacidades y retos

La existencia de problemas sin resolver y de posibilidades potenciales no aprovechadas los motivan enormemente. Un trabajo que requiera realizar acciones rutinarias, repetitivas y sistemáticas supone para ellos un gran problema. Por lo general, no les gustan las tareas que requieran una larga preparación, mientras que tienen una perfecta capacidad de improvisación y se adaptan rápidamente a las nuevas situaciones. Son capaces de hacer varias tareas al mismo tiempo y de conciliar diferentes obligaciones. Les gustan los experimentos y los cambios. Ante tareas nuevas y excitantes, a menudo olvidan las declaraciones y obligaciones anteriores. También tienen problemas para sistematizar y llevar los asuntos hasta el final.

En equipo

A los *innovadores* les gusta el trabajo en grupo. Normalmente tienen buenas relaciones con las personas y son bien valorados. Sin embargo, prefieren tareas que requieran un enfoque más creativo y la habilidad de solucionar problemas que empatía y capacidad para interpretar las emociones, sentimientos y necesidades humanas. Prefieren trabajar con personas que son expertos en sus campos y que están abiertos a los experimentos y a las soluciones creativas, innovadoras e incluso arriesgadas. Les cansa, sin embargo, el trabajo con personas a las que les gusta hacerlo todo «como siempre», prefieren los «métodos comprobados» y cumplen compulsivamente las instrucciones, directrices y reglamentos.

Tareas

Por lo general no soportan el pensamiento estereotipado ni las estructuras fosilizadas, rígidas y burocratizadas. No les convencen los argumentos basados en la tradición. Si ven alguna solución poco efectiva, tienen tendencia a rechazarla, independientemente de por quién fue introducida y cuánto tiempo ha sido empleada (esta actitud hace que se ganen en algunas ocasiones la opinión de peligrosos revolucionarios y elementos subversivos). Normalmente se someten de mala gana a todo tipo de reglamentos e instrucciones.

Las limitaciones de índole institucional y legal las tratan a menudo como obstáculos en el camino hacia el objetivo (si consideran que algún reglamento es inhumano y no tiene sentido, son capaces de ignorarlo conscientemente). A veces tratan de igual manera a las personas que les dificultan la realización de sus ideas. Cuando están convencidos de la necesidad de alguna actuación son capaces de ejercer presión sobre los que se encuentran en su camino. Su obstinación, aunque suele tener una influencia destructiva sobre los demás, a menudo determina de antemano su éxito.

Los *innovadores* se encuentran más a gusto en empresas que dan a los subordinados libertad en la realización de tareas, permiten experimentar, animan a buscar nuevas soluciones y apoyan la creatividad, la actividad creadora y la innovación. Les gusta estar en un entorno en el que se permite la discusión sobre cualquier tema y en el que todo el mundo puede expresar libremente sus propias convicciones.

Superiores

A los *innovadores* les gustan los superiores que garantizan a sus subordinados libertad de actuación. Valoran a los que se distinguen por sus conocimientos, experiencia, competencias y profesionalismo. Respetan a las personas que son verdaderos profesionales en su campo y no temen los experimentos (por ejemplo, a renunciar a los métodos de trabajo empleados hasta ahora a favor de soluciones más modernas e innovadoras). Prefieren a los jefes que valoran a los trabajadores teniendo en cuenta su creatividad, sus ideas, las tareas realizadas y los problemas resueltos y no la cantidad de papel escrito y la escrupulosidad en el cumplimiento de los procedimientos.

Ellos mismos valoran de forma similar a los subordinados. Como compañeros de trabajo prefieren elegir a personas que sean capaces de tomar decisiones por sí mismas, saben qué hay que hacer en una determinada situación y no necesitan tener constantemente instrucciones, directrices ni un control estricto. Les irritan los subordinados que deben ser llevados de la mano. No son de los que colman a los trabajadores de cumplidos para mejorar su estado de ánimo y hacer más agradable el trabajo. Sin embargo, son capaces de valorar sus logros y premiar los éxitos mensurables.

Los *innovadores* son unos líderes-visionarios naturales. Son capaces de marcar la dirección, de mostrar a los demás las posibilidades existentes, inspirarles, darles valor y contagiarles entusiasmo y suscitar confianza en el éxito. Sin embargo, como líderes necesitan un apoyo sólido por parte de asistentes o secretarios, que les sustituyan en las obligaciones prácticas y rutinarias.

Profesiones

El conocimiento del perfil de personalidad propio y de las preferencias naturales es una ayuda inestimable a la hora de elegir la carrera profesional óptima. La experiencia muestra que los *innovadores* pueden trabajar con éxito y sentirse realizados en diferentes campos, aunque su tipo de personalidad los predispone de forma natural para profesiones tales como:

- actor,
- agente inmobiliario,
- analista de créditos,
- analista de sistemas informáticos,
- artista,
- asesor financiero,
- científico,
- coordinador de proyecto,

- corredor,
- director artístico,
- empresario,
- escritor,
- especialista en logística,
- fotógrafo,
- ingeniero,
- inversor,
- jurista,
- músico,
- organizador de eventos,
- periodista,
- planificador,
- político,
- programador informático,
- representante comercial.

Potenciales puntos fuertes y débiles

Los *innovadores*, al igual que otros tipos de personalidad, tienen potenciales puntos fuertes y débiles. Este potencial puede ser gestionado de diferentes formas. La felicidad personal y la realización profesional de los *innovadores* dependen de si aprovechan las oportunidades relacionadas con su tipo de personalidad y de si hacen frente a las amenazas que les acechan. He aquí un RESUMEN de estas oportunidades y amenazas:

Puntos fuertes potenciales

Los *innovadores* son brillantes, creativos y optimistas. Son capaces de contagiar a los demás su entusiasmo y confianza en el éxito. Son lógicos, racionales e inmunes a la manipulación por parte de los demás. Asimilan con facilidad teorías y conceptos complejos. Tienen una curiosidad natural por el mundo y comprenden los fenómenos que se producen en él y los mecanismos que dirigen los comportamientos de las personas. Perciben las conexiones y las relaciones entre diferentes acontecimientos. Son capaces de ver los problemas desde otro ángulo. Advierten antes que los demás las posibilidades que se presentan y prevén peligros potenciales futuros. Son emprendedores y enérgicos. Son capaces de contagiar a los demás la confianza en el éxito y motivarlos a actuar.

Les gustan las nuevas propuestas y las ideas pioneras. Buscan de buen grado nuevas soluciones y métodos innovadores. Son capaces de resolver los problemas de forma no convencional y no estereotipada. Son excepcionalmente creativos y atrevidos. No temen los experimentos. Les gusta aprender cosas nuevas y aceptan nuevos retos; también les gusta resolver problemas complejos y no temen el riesgo. Son capaces de adaptarse a las nuevas situaciones y son muy flexibles. Les gusta la compañía de otras personas y el trabajo en grupo. Por lo general tienen unas excelentes habilidades comunicativas. Son capaces de expresar de forma clara sus pensamientos y de defender sus ideas. No temen la crítica y no tienen miedo a la confrontación. Soportan bien las situaciones difíciles y de conflicto. Aspiran al autoperfeccionamiento y ayudan de buen grado en el desarrollo de los demás.

Puntos débiles potenciales

La afición por los cambios y los experimentos, la persecución de novedades y la concentración en los estímulos más recientes y más intensos hacen que para los *innovadores* sea más sencillo empezar que llevar hasta el final los asuntos. También se distraen con facilidad y pierden el entusiasmo por el trabajo en las tareas comenzadas cuando en el horizonte aparecen nuevos problemas y retos. Como consecuencia, dejan muchas ideas interesantes aparcadas en la etapa de concepción, sin intentar siquiera ponerlas en práctica. También tienen problemas con la organización del tiempo, la autodisciplina, la toma de decisiones y a la hora de cumplir promesas y plazos. También les cuesta definir prioridades y poner en orden sus actividades. Por lo general, se les dan mal las tareas que requieren cumplir procedimientos rígidos y proceder según unas instrucciones.

También suele ser su problema el hecho de mostrar impaciencia ante las personas con menos experiencia, que necesitan consejos, instrucciones e indicaciones. Su valentía y su inquebrantable confianza en el éxito pueden empujarles a jugadas demasiado arriesgadas y a soluciones demasiado radicales. Tienen tendencia a sobrevalorar sus posibilidades y menospreciar sus limitaciones. Su incapacidad para percibir las emociones y los sentimientos de otras personas y los problemas para expresar los propios pueden conducir a problemas en las relaciones con sus allegados. Sus observaciones críticas, su actitud de confrontación, su tendencia a apostar por lo suyo y su afición por las disputas y polémicas pueden desalentar y herir a las personas más sensibles.

Desarrollo personal

El desarrollo personal de los *innovadores* depende del grado en que utilizan su potencial natural y se sobreponen a los riesgos relacionados con su tipo de personalidad. Los siguientes consejos prácticos constituyen un decálogo característico del *innovador*.

Aprende a gestionar el tiempo y establecer prioridades

El entusiasmo es tu principal motor de acción, pero los marcos temporales, el plan de trabajo y la lista de prioridades no tienen por qué limitar en absoluto la creatividad, impedir los movimientos y obstaculizar la realización de las tareas. ¡Todo lo contrario! Bien utilizados te ayudarán a alcanzar los objetivos deseados.

Sé más práctico

Piensa en los aspectos prácticos de tus teorías e ideas. Para aprovechar totalmente su potencial intenta persuadir de ellas a otras personas y reflexiona sobre las maneras de ponerlas en práctica. No permitas que los frutos de tu trabajo se queden en un cajón.

Acaba lo que empezaste

Empiezas nuevas cosas con entusiasmo, pero te cuesta acabar lo que empezaste antes. Intenta determinar qué es lo más importante para ti y cómo quieres hacerlo y a continuación pasa a la acción. Concéntrate en las prioridades y no dejes que te distraigan los asuntos menos importantes.

Reconoce que puedes equivocarte

Los asuntos pueden ser más complejos de lo que te parecen. La razón no siempre tiene que estar de tu parte. Ten esto en cuenta antes de empezar a acusar a otras personas o a reprocharles sus errores.

Critica menos

No todo el mundo es capaz de aceptar una crítica constructiva como tú. En el caso de muchas personas, la crítica abierta actúa de forma destructiva. Los estudios demuestran que el elogio de los comportamientos positivos (aunque sean pocos) motiva más a las personas que la crítica de los comportamientos negativos.

No rechaces las ideas y opiniones de otras personas

Cuando son contrarias con tus puntos de vista, no supongas de antemano que son erróneas. Antes de que las valores como faltas de valor, reflexiona bien sobre ellas e intenta comprenderlas.

Concéntrate en las cosas positivas

No te concentres en las faltas, errores y contradicciones lógicas. No cuestiones las buenas intenciones de otras personas. Aprende a percibir las cosas positivas y concéntrate en el lado bueno de la vida.

Sé más tolerante

Trata de ser más paciente con los demás. Recuerda que no puedes encargar la misma tarea a todo el mundo, ya que no todos están capacitados en los mismos campos. Si a algunos no se les dan bien las tareas, no siempre es un síntoma de su mala voluntad o pereza.

Recuerda las fechas y los aniversarios

Los encuentros acordados, los cumpleaños y aniversarios familiares pueden parecerte algo poco importante en comparación con los asuntos de los que te encargas. Sin embargo, para otros a menudo tienen una gran importancia. Si no eres capaz de recordar las fechas y los plazos, ¡apúntalos!

Elogia a los demás

Aprovecha cualquier ocasión para valorar positivamente a los demás, decirles algo agradable, elogiarlos por algo que han hecho. En el trabajo evalúa a los demás no solo por las tareas realizadas, sino también por quiénes son. ¡Notarás la diferencia y te sorprenderá!

Personas conocidas

La lista de personas conocidas que se corresponden con el perfil de *innovador* incluye, entre otros, los siguientes nombres:

- **Lewis Carroll**, realmente Charles Lutwidge Dodgson (1832 - 1898), escritor británico (entre otras obras, *Alicia en el país de las maravillas*) matemático, autor de unos 250 trabajos científicos en el campo de las matemáticas, la lógica y la criptografía;
- **Thomas Edison** (1847 - 1931), uno de los inventores más conocidos y más creativos del mundo, autor de más de mil patentes (entre otras, la bombilla eléctrica y el fonógrafo), empresario y fundador de la revista científica «Science»;
- **Nikola Tesla** (1856 - 1943), inventor croata, poeta y pintor, autor de 112 patentes (entre otras, el motor eléctrico y la batería solar);
- **Theodore Roosevelt** (1858 - 1919), vigésimo sexto presidente de los Estados Unidos, ganador del Premio Nobel de la paz;
- **Buckminster Fuller** (1895 - 1983), constructor y arquitecto estadounidense, pionero de la arquitectura hi-tech y autor de la «cúpula geodésica»;
- **Walter Disney** (1901 - 1966), productor de cine estadounidense, director, guionista y animador; empresario y filántropo, creador de Disneyland y The Walt Disney Company;
- **Richard Phillips Feynman** (1918 - 1988), físico estadounidense, uno de los principales creadores de la

electrodinámica cuántica, ganador del Premio Nobel de física;

- **Jeremy Brett**, realmente Peter Jeremy William Huggins (1933 - 1995), actor de cine y televisión inglés (entre otras series, *Las aventuras de Sherlock Holmes*);

- **John Marwood Cleese** (n. 1939), actor de comedia inglés, miembro del grupo Monty Python;

- **Roberto Benigni** (n. 1952), actor de teatro y de cine italiano, guionista y director (entre otras películas, *La vida es bella*);

- **James Francis Cameron** (n. 1954), director canadiense de cine de acción (entre otras películas, *Terminator*);

- **Tom Hanks**, realmente Thomas Jeffrey Hanks (n. 1956), actor estadounidense (entre otras películas, *Filadelfia*), director y productor de cine, ganador de numerosos premios (entre otros, Oscar, Globo de Oro, Emmy);

- **Jamie Lee Curtis** (n. 1958), actriz de cine estadounidense (*Un pez llamado Wanda*) y autora de libros para niños;

- **Salma Hayek-Jiménez** (n. 1966), actriz de cine mexicana-estadounidense (entre otras películas, *Desperado*);

- **Celine Dion** (n. 1968), cantante canadiense con los mejores resultados de venta de álbumes de música de la historia.

16 tipos de personalidad de forma breve

Administrador (ESTJ)

Lema vital: *¡Hagamos esa tarea!*

Trabajador, responsable y extraordinariamente leal. Enérgico y decidido. Valora el orden, la estabilidad, la seguridad y las reglas claras. Objetivo y concreto. Lógico, racional y práctico. Es capaz de asimilar una gran cantidad de información detallada.

Organizador perfecto. No tolera la ineficiencia, el despilfarro ni la pereza. Fiel a sus convicciones y directo en los contactos. Presenta sus puntos de vista de forma decidida y expresa abiertamente opiniones críticas, por lo que en ocasiones hiere inconscientemente a otras personas.

Tendencias naturales del *administrador*:

- Fuente de energía vital: mundo exterior.
- Asimilación de información: sentidos.
- Toma de decisiones: razón.
- Estilo de vida: organizado.

Tipos de personalidad similares:

- *Animador*
- *Inspector*
- *Pragmático*

Datos estadísticos:

- Los *administradores* constituyen el 10-13% de la sociedad.
- Entre los *administradores* predominan los hombres (60%).
- Un país que se corresponde con el perfil del *administrador* son los Estados Unidos[2].

Código literal:

El código literal universal del *administrador* en las tipologías de personalidad de Jung es ESTJ.

Más:

Jarosław Jankowski
Tu tipo de personalidad: Administrador (ESTJ)

---

[2] Esto no quiere decir que todos los habitantes de los EE. UU. pertenezcan a este tipo de personalidad, sino que la sociedad estadounidense, en su conjunto, tiene muchas características del *administrador*.

Animador (ESTP)

Lema vital: *¡Hagamos algo!*

Enérgico, activo y emprendedor. Le gusta la compañía de otros y sabe pasárselo bien y disfrutar del momento presente. Es espontáneo, flexible y suele estar abierto a los cambios.

Es entusiasta inspirador e iniciador, suele motivar a los demás a actuar. Lógico, racional y extraordinariamente pragmático. Realista. Le aburren las ideas abstractas y las reflexiones sobre el futuro. Procura solucionar los problemas concretos e inmediatos que se le presentan, pero a menudo también tiene dificultades con la organización y la planificación. Suele ser impulsivo. Suele ocurrir que primero actúa y luego piensa.

Tendencias naturales del *animador*:

- Fuente de energía vital: mundo exterior.
- Asimilación de información: sentidos.
- Toma de decisiones: razón.
- Estilo de vida: espontáneo.

Tipos de personalidad similares:

- *Administrador*
- *Pragmático*
- *Inspector*

Datos estadísticos:

- Los *animadores* constituyen el 6-10% de la sociedad.

- Entre los *animadores* predominan los hombres (60%).
- El país que se corresponde con el perfil de *animador* es Australia.

Código literal:

El código literal universal del *animador* en las tipologías de personalidad de Jung es ESTP.

Más:

Jarosław Jankowski
Tu tipo de personalidad: Animador (ESTP)

Artista (ISFP)

Lema vital: *¡Creemos algo!*

Sensible, creativo y original. Tiene un gran sentido de la estética y capacidades artísticas naturales. Independiente, se guía por su propia escala de valores y no cede ante la presión. Optimista y con una actitud positiva hacia la vida; es capaz de disfrutar del momento.

Disfruta ayudando a los demás. Le aburren las teorías abstractas; prefiere crear la realidad que hablar de ella. Sin embargo, le resulta más fácil empezar cosas nuevas que acabar las empezadas antes. Suele tener dificultades para expresar sus propios deseos y necesidades.

Tendencias naturales del *artista*:

- Fuente de energía vital: mundo interior.
- Asimilación de información: sentidos.

- Toma de decisiones: corazón.
- Estilo de vida: espontáneo.

Tipos de personalidad similares:

- *Protector*
- *Presentador*
- *Defensor*

Datos estadísticos:

- Los *artistas* constituyen el 6-9% de la población.
- Entre los *artistas* predominan las mujeres (60%).
- El país que se corresponde con el perfil de *artista* es China.

Código literal:

El código literal universal del *artista* en las tipologías de personalidad de Jung es ISFP.

Más:

Jarosław Jankowski
Tu tipo de personalidad: Artista (ISFP)

Consejero (ENFJ)

Lema vital: *Mis amigos son mi mundo.*

Optimista, entusiasta y gracioso. Amable, sabe actuar con tacto. Tiene el extraordinario don de la empatía y disfruta actuando de forma desinteresada a favor de los demás. Es capaz de influir en sus vidas: inspira, descubre en ellos el potencial oculto que tienen y suscita confianza en sus propias fuerzas. Irradia ternura y atrae a las demás personas. A menudo las ayuda a resolver sus problemas personales.

Suele ser crédulo, aunque un poco ingenuo, y tiene tendencia a ver el mundo de color de rosa. Concentrado en los demás, a menudo se olvida de sus propias necesidades.

Tendencias naturales del *consejero*:

- Fuente de energía vital: mundo exterior.
- Asimilación de información: intuición.
- Toma de decisiones: corazón.
- Estilo de vida: organizado.

Tipos de personalidad similares:

- *Entusiasta*
- *Mentor*
- *Idealista*

Datos estadísticos:

- Los *consejeros* constituyen el 3-5% de la población.
- Entre los *consejeros* predominan claramente las mujeres (80%).
- El país que se corresponde con el perfil de *consejero* es Francia.

Código literal:

El código literal universal del *consejero* en las tipologías de personalidad de Jung es ENFJ.

Más:

Jarosław Jankowski
Tu tipo de personalidad: Consejero (ENFJ)

Defensor (ESFJ)

Lema vital: *¿Cómo puedo ayudarte?*

Entusiasta, enérgico y bien organizado. Práctico, responsable, concienzudo. Cordial y extraordinariamente sociable.

Percibe los sentimientos humanos, las emociones y necesidades. Valora la armonía. Soporta mal la crítica y los conflictos. Es sensible a todas las manifestaciones de injusticia y protesta cuando ve que lastiman a otras personas. Se interesa sinceramente por los problemas de los demás y siente una verdadera alegría al ayudarlos. Al velar por sus necesidades a menudo desatiende las suyas propias. Tiene tendencia a hacer por los demás cosas que ellos mismos deberían hacer. Suele ser susceptible a la manipulación.

Tendencias naturales del *defensor:*

- Fuente de energía vital: mundo exterior.
- Asimilación de información: sentidos.
- Toma de decisiones: corazón.
- Estilo de vida: organizado.

Tipos de personalidad similares:

- Presentador
- Protector
- Artista

Datos estadísticos:

- Los *defensores* constituyen el 10-13% de la población.
- Entre los *defensores* predominan claramente las mujeres (70%).
- El país que se corresponde con el perfil de *defensor* es Canadá.

Código literal:

El código literal universal del *defensor* en las tipologías de personalidad de Jung es ESFJ.

Más:

Jarosław Jankowski
Tu tipo de personalidad: Defensor (ESFJ)

Director (ENTJ)

Lema vital: *Os diré lo que hay que hacer.*

Independiente, activo y decidido. Racional, lógico y creativo. Percibe un contexto más amplio de los problemas analizados y es capaz de prever las futuras consecuencias de las acciones humanas. Se caracteriza por el optimismo y un sensato sentido de su propio valor. Es capaz de transformar conceptos teóricos en planes de actuación concretos y prácticos.

Visionario, mentor y organizador. Tiene unas capacidades de liderazgo innatas. Su fuerte personalidad, su criticismo y su estilo directo a menudo intimidan a los demás y provocan problemas en sus relaciones interpersonales.

Tendencias naturales del *director*:

- Fuente de energía vital: mundo exterior.
- Asimilación de información: intuición.
- Toma de decisiones: razón.
- Estilo de vida: organizado.

Tipos de personalidad similares:

- *Innovador*
- *Estratega*
- *Lógico*

Datos estadísticos:

- Los *directores* constituyen el 2-5% de la población.
- Entre los *directores* predominan claramente los hombres (70%).
- El país que se corresponde con el perfil de *director* es Holanda.

Código literal:

El código literal universal del *director* en las tipologías de personalidad de Jung es ENTJ.

Más:

Jarosław Jankowski
Tu tipo de personalidad: Director (ENTJ)

r

Entusiasta (ENFP)

Lema vital: *¡Podemos hacerlo!*

Enérgico, entusiasta y optimista. Es capaz de disfrutar de la vida y piensa a largo plazo. Dinámico, ingenioso y creativo. Le gustan las personas y aprecia las relaciones sinceras y auténticas. Cálido, cordial y emocional. Soporta mal la crítica. Tiene el don de la empatía y percibe las necesidades, los sentimientos y los motivos de los demás. Los inspira y los contagia con su entusiasmo.

Le gusta estar en el centro de los acontecimientos. Es flexible y capaz de improvisar. Es propenso a tener ocurrencias idealistas. Se distrae con facilidad y tiene problemas para llevar los asuntos hasta el final.

Tendencias naturales del *entusiasta*:

- Fuente de energía vital: mundo exterior.
- Asimilación de información: intuición.
- Toma de decisiones: corazón.
- Estilo de vida: espontáneo.

Tipos de personalidad similares:

- *Consejero*
- *Idealista*
- *Mentor*

Datos estadísticos:

- Los *entusiastas* constituyen el 5-8% de la población.

- Entre los *entusiastas* predominan las mujeres (60%).
- El país que se corresponde con el perfil de *entusiasta* es Italia.

Código literal:

El código literal universal del *entusiasta* en las tipologías de personalidad de Jung es ENFP.

Más:

Jarosław Jankowski
Tu tipo de personalidad: Entusiasta (ENFP)

Estratega (INTJ)

Lema vital: *Esto puede perfeccionarse.*

Independiente, marcado individualismo, con una enorme cantidad de energía interna. Creativo e ingenioso. Visto por los demás como competente y seguro de sí mismo y, a la vez, como distante y enigmático. Mira cada asunto desde una perspectiva amplia. Desea perfeccionar y ordenar el mundo que le rodea.

Bien organizado, responsable, crítico y exigente. Es difícil sacarlo de sus casillas, pero también es difícil satisfacerlo totalmente. Por lo general, tiene problemas para interpretar los sentimientos y emociones de otras personas.

Tendencias naturales del *estratega*:

- Fuente de energía vital: mundo interior.
- Asimilación de información: intuición.

- Toma de decisiones: razón.
- Estilo de vida: organizado.

Tipos de personalidad similares:

- *Lógico*
- *Director*
- *Innovador*

Datos estadísticos:

- Los *estrategas* constituyen el 1-2% de la población.
- Entre los *estrategas* predominan claramente los hombres (80%).
- El país que se corresponde con el perfil de *estratega* es Finlandia.

Código literal:

El código literal universal del *estratega* en las tipologías de personalidad de Jung es INTJ.

Más:

Jarosław Jankowski
Tu tipo de personalidad: Estratega (INTJ)

Idealista (INFP)

Lema vital: *Se puede vivir de otra manera.*

Sensible, leal, creativo. Desea vivir según los valores que profesa. Muestra interés por la realidad espiritual y ahonda en los secretos de la vida. Suele conmoverse por los problemas del mundo y está abierto a las necesidades de otras personas. Valora la armonía y el equilibrio.

Romántico: es capaz de demostrar amor, pero él mismo también necesita cariño y afecto. Interpreta perfectamente los motivos y sentimientos de otras personas. Crea relaciones sanas, profundas y duraderas. En situaciones de conflicto lo pasa mal, no sabe qué hacer. No resiste el estrés y la crítica.

Tendencias naturales del *idealista*:

- Fuente de energía vital: mundo interior.
- Asimilación de información: intuición.
- Toma de decisiones: corazón.
- Estilo de vida: espontáneo.

Tipos de personalidad similares:

- *Mentor*
- *Entusiasta*
- *Consejero*

Datos estadísticos:

- Los *idealistas* constituyen el 1-4% de la población.
- Entre los *idealistas* predominan las mujeres (60%).
- El país que se corresponde con el perfil de *idealista* es Tailandia.

Código literal:

El código literal universal del *idealista* en las tipologías de personalidad de Jung es INFP.

Más:

Jarosław Jankowski
Tu tipo de personalidad: Idealista (INFP)

Innovador (ENTP)

Lema vital: *Y si probamos a hacerlo de otra forma...*

Ingenioso, original e independiente. Optimista. Enérgico y emprendedor. Persona de acción: le gusta estar en el centro de los acontecimientos y resolver «problemas irresolubles». Tiene curiosidad por el mundo, y es propenso al riesgo y suele ser impaciente. Visionario, abierto a nuevas ideas y ocurrencias. Le gustan las nuevas experiencias y los experimentos. Percibe las relaciones entre acontecimientos concretos y piensa a largo plazo.

Espontáneo, comunicativo y seguro de sí mismo. Propenso a sobrevalorar sus propias posibilidades. Tiene problemas para llevar los asuntos hasta el final.

Tendencias naturales del *innovador*:

- Fuente de energía vital: mundo exterior.
- Asimilación de información: intuición.
- Toma de decisiones: razón.
- Estilo de vida: espontáneo.

Tipos de personalidad similares:

- *Director*
- *Lógico*
- *Estratega*

Datos estadísticos:

- Los *innovadores* constituyen el 3-5% de la población.
- Entre los *innovadores* predominan claramente los hombres (70%).
- El país que se corresponde con el perfil de *innovador* es Israel.

Código literal:

El código literal universal del *innovador* en las tipologías de personalidad de Jung es ENTP.

Más:

Jarosław Jankowski
Tu tipo de personalidad: Innovador (ENTP)

Inspector (ISTJ)

Lema vital: *Primero las obligaciones.*

Una persona con la que siempre se puede contar. Educado, puntual, cumplidor, concienzudo, responsable: «persona de confianza». Analítico, metódico, sistemático y lógico. Los otros lo ven como reservado, frío y serio. Aprecia la tranquilidad, la estabilidad y el orden. No le gustan los cambios. En cambio, le gustan los principios claros y las reglas concretas.

Trabajador y perseverante, es capaz de llevar los asuntos hasta el final. Perfeccionista. Quiere controlarlo todo. Parco en elogios. No aprecia el valor de los sentimientos y las emociones de otras personas.

Tendencias naturales del *inspector*:

- Fuente de energía vital: mundo interior.
- Asimilación de información: sentidos.
- Toma de decisiones: razón.
- Estilo de vida: organizado.

Tipos de personalidad similares:

- *Pragmático*
- *Administrador*
- *Animador*

Datos estadísticos:

- Los *inspectores* constituyen el 6-10% de la población.
- Entre los *inspectores* predominan los hombres (60%).
- El país que se corresponde con el perfil de *inspector* es Suiza.

Código literal:

El código literal universal del *inspector* en las tipologías de personalidad de Jung es ISTJ.

Más:

Jarosław Jankowski
Tu tipo de personalidad: Inspector (ISTJ)

Lógico (INTP)

Lema vital: *Lo más importante es conocer la verdad acerca del mundo.*

Original, ingenioso y creativo. Le gusta resolver problemas de índole teórica. Analítico, brillante y con una actitud entusiasta hacia las nuevas ideas. Es capaz de relacionar fenómenos concretos y deducir de ellos principios generales y teorías. Lógico, preciso e indagador. Percibe rápidamente los síntomas de incoherencia e inconsecuencia.

Independiente y escéptico ante las soluciones y autoridades establecidas. Tolerante y abierto a los nuevos retos. Se suele quedar absorto en sus reflexiones, a veces pierde el contacto con el mundo exterior.

Tendencias naturales del *lógico*:

- Fuente de energía vital: mundo interior.
- Asimilación de información: intuición.
- Toma de decisiones: razón.
- Estilo de vida: espontáneo.

Tipos de personalidad similares:

- *Estratega*
- *Innovador*
- *Director*

Datos estadísticos:

- Los *lógicos* constituyen el 2-3% de la población.

- Entre los *lógicos* predominan claramente los hombres (80%).
- El país que se corresponde con el perfil de *lógico* es la India.

Código literal:

El código literal universal del *lógico* en las tipologías de personalidad de Jung es INTP.

Más:

Jarosław Jankowski
Tu tipo de personalidad: Lógico (INTP)

Mentor (INFJ)

Lema vital: *¡El mundo puede ser mejor!*

Creativo, sensible, adelantado a su tiempo, capaz de ver las posibilidades que los demás no ven. Idealista y visionario orientado a la ayuda a las personas. Concienzudo, responsable y al mismo tiempo amable, solícito y amistoso. Se esfuerza por entender los mecanismos que rigen el mundo y trata de ver los problemas desde una perspectiva más amplia.

Excelente oyente y observador. Se caracteriza por una extraordinaria empatía, por su intuición y la confianza en las personas. Es capaz de interpretar los sentimientos y las emociones. Soporta mal la crítica y las situaciones de conflicto. Puede parecer enigmático.

Tendencias naturales del *mentor*:

- Fuente de energía vital: mundo interior.
- Asimilación de información: intuición.
- Toma de decisiones: corazón.
- Estilo de vida: organizado.

Tipos de personalidad similares:

- *Idealista*
- *Consejero*
- *Entusiasta*

Datos estadísticos:

- Los *mentores* constituyen aproximadamente el 1% de la población y son el tipo de personalidad menos frecuente.
- Entre los *mentores* predominan claramente las mujeres (80%).
- El país que se corresponde con el perfil de *mentor* es Noruega.

Código literal:

El código literal universal del *mentor* en las tipologías de personalidad de Jung es INFJ.

Más:

Jarosław Jankowski
Tu tipo de personalidad: Mentor (INFJ)

Pragmático (ISTP)

Lema vital: *Los actos son más importantes que las palabras.*

Optimista, espontáneo y con una actitud positiva hacia la vida. Comedido e independiente. Fiel a sus propias convicciones y escéptico ante las normas y principios externos. Le aburren las teorías y las reflexiones sobre el futuro.

Prefiere actuar y solucionar problemas concretos y tangibles.

Se adapta bien a los nuevos lugares y situaciones. Le gustan los nuevos retos y el riesgo. Es capaz de mantener la sangre fría ante las amenazas y los peligros. Su taciturnidad y su extrema sobriedad a la hora de expresar opiniones hace que suela ser indescifrable para los demás.

Tendencias naturales del *pragmático*:

- Fuente de energía vital: mundo interior.
- Asimilación de información: sentidos.
- Toma de decisiones: razón.
- Estilo de vida: espontáneo.

Tipos de personalidad similares:

- *Inspector*
- *Animador*
- *Administrador*

Datos estadísticos:

- Los *pragmáticos* constituyen el 6-9% de la población.

- Entre los *pragmáticos* predominan los hombres (60%).
- El país que se corresponde con el perfil de *pragmático* es Singapur.

Código literal:

El código literal universal del *pragmático* en las tipologías de personalidad de Jung es ISTP.

Más:

Jarosław Jankowski
Tu tipo de personalidad: Pragmático (ISTP)

Presentador (ESFP)

Lema vital: *¡Hoy es el momento perfecto!*

Optimista, enérgico y abierto a las personas. Es capaz de disfrutar de la vida y pasarlo bien. Práctico y al mismo tiempo flexible y espontáneo. Le gustan los cambios y las nuevas experiencias. Soporta mal la soledad, el estancamiento y la rutina. Se siente bien estando en el centro de atención.

Tiene unas capacidades interpretativas naturales y es capaz de hablar de una forma que despierta el interés y el entusiasmo de los oyentes. Al concentrarse en el día de hoy, a veces pierde de vista los objetivos a largo plazo. Suele tener problemas a la hora de prever las consecuencias de sus actos.

Tendencias naturales del *presentador*:

- Fuente de energía vital: mundo exterior.
- Asimilación de información: sentidos.
- Toma de decisiones: corazón.
- Estilo de vida: espontáneo.

Tipos de personalidad similares:

- *Defensor*
- *Artista*
- *Protector*

Datos estadísticos:

- Los *presentadores* constituyen el 8 -13% de la población.
- Entre los *presentadores* predominan las mujeres (60%).
- El país que se corresponde con el perfil de *presentador* es Brasil.

Código literal:

El código literal universal del *presentador* en las tipologías de personalidad de Jung es ESFP.

Más:

Jarosław Jankowski
Tu tipo de personalidad: Presentador (ESFP)

Protector (ISFJ)

Lema vital: *Me importa tu felicidad.*

Sincero, tierno, modesto, digno de confianza y extraordinariamente leal. Pone en primer lugar a los demás: percibe sus necesidades y desea ayudarles. Práctico, bien organizado y responsable. Paciente, trabajador y perseverante: es capaz de llevar los asuntos hasta el final.

Observa y recuerda los detalles. Valora mucho la tranquilidad, la estabilidad y las relaciones amistosas con los demás. Es capaz de tender puentes entre las personas. Soporta mal los conflictos y la crítica. Tiene un fuerte sentido de la responsabilidad y siempre está dispuesto a ayudar. Los demás suelen aprovecharse de él.

Tendencias naturales del *protector:*

- Fuente de energía vital: mundo interior.
- Asimilación de información: sentidos.
- Toma de decisiones: corazón.
- Estilo de vida: organizado.

Tipos de personalidad similares:

- *Artista*
- *Defensor*
- *Presentador*

Datos estadísticos:

- Los *protectores* constituyen el 8-12% de la población.

- Entre los *protectores* predominan claramente las mujeres (70%).
- El país que se corresponde con el perfil de *protector* es Suecia.

Código literal:

El código literal universal del *protector* en las tipologías de personalidad de Jung es ISFJ.

Más:

Jarosław Jankowski
Tu tipo de personalidad: Protector (ISFJ)

Apéndice

Las cuatro tendencias naturales

1. Fuente de energía vital dominante

   o MUNDO EXTERIOR
   Personas que obtienen energía del
   exterior, que necesitan actividad y
   contacto con los demás. Soportan mal
   la soledad prolongada.

   o MUNDO INTERIOR
   Personas que obtienen energía del
   mundo interior, que necesitan silencio
   y soledad. Se sienten agotados cuando
   están mucho tiempo en medio de un
   grupo.

2. Forma dominante de asimilación de la información

- o SENTIDOS
  Personas que dependen de los cinco sentidos. Les convencen los hechos y las pruebas. Les gustan los métodos comprobados y las tareas prácticas y concretas. Son realistas y se basan en la experiencia.

- o INTUICIÓN
  Personas que dependen de un sexto sentido, que se guían por los presentimientos. Les gustan las soluciones innovadoras y los problemas de índole teórica. Se caracterizan por su enfoque creativo de las tareas y por su capacidad de previsión.

3. Forma de toma de decisiones dominante

- o RAZÓN
  Personas que se guían por la lógica y los principios objetivos. Críticos y directos a la hora de expresar sus opiniones.

- o CORAZÓN
  Personas que se guían por los sentimientos y los valores. Anhelan la armonía y necesitan estar bien con los demás.

4. Estilo de vida dominante

- o ORGANIZADO
  Personas concienzudas y organizadas.
  Valoran el orden, son personas a
  quienes les gusta actuar según un plan.

- o ESPONTÁNEO
  Personas espontáneas, que valoran la
  libertad. Disfrutan del momento y se
  encuentran a gusto en situaciones
  nuevas.

Porcentaje orientativo de los diferentes tipos de personalidad en la población

Tipo de personalidad:	Porcentaje:
Administrador (ESTJ):	10 – 13%
Animador (ESTP):	6 – 10%
Artista (ISFP):	6 – 9%
Consejero (ENFJ):	3 – 5 %
Defensor (ESFJ):	10 – 13%
Director (ENTJ):	2 – 5%
Entusiasta (ENFP):	5 – 8%
Estratega (INTJ):	1 – 2%
Idealista (INFP):	1 – 4%
Innovador (ENTP):	3 – 5%
Inspector (ISTJ):	6 – 10%
Lógico (INTP):	2 – 3%
Mentor (INFJ):	aprox. 1%
Pragmático (ISTP):	6 – 9%
Presentador (ESFP):	8 – 13%
Protector (ISFJ):	8 – 12%

Porcentaje orientativo de mujeres y hombres entre las personas con un determinado tipo de personalidad

Tipo de personalidad:	Mujere/ hombres:
Administrador (ESTJ):	40% / 60%
Animador (ESTP):	40% / 60%
Artista (ISFP):	60% / 40%
Consejero (ENFJ):	80% / 20%
Defensor (ESFJ):	70% / 30%
Director (ENTJ):	30% / 70%
Entusiasta (ENFP):	60% / 40%
Estratega (INTJ):	20% / 80%
Idealista (INFP):	60% / 40%
Innovador (ENTP):	30% / 70%
Inspector (ISTJ):	40% / 60%
Lógico (INTP):	20% / 80%
Mentor (INFJ):	80% / 20%
Pragmático (ISTP):	40% / 60%
Presentador (ESFP):	60% / 40%
Protector (ISFJ):	70% / 30%

Bibliografía

- Arraj James, *Tracking the Elusive Human, Volume 2: An Advanced Guide to the Typological Worlds of C. G. Jung, W.H. Sheldon, Their Integration, and the Biochemical Typology of the Future*, Inner Growth Books, 1990.

- Arraj Tyra, Arraj James, *Tracking the Elusive Human, Volume 1: A Practical Guide to C.G. Jung's Psychological Types, W.H. Sheldon's Body and Temperament Types and Their Integration*, Inner Growth Books, 1988.

- Berens Linda V., Cooper Sue A., Ernst Linda K., Martin Charles R., Myers Steve, Nardi Dario, Pearman Roger R., Segal Marci, Smith Melissa A., *Quick Guide to the 16 Personality Types in Organizations: Understanding Personality Differences in the Workplace*, Telos Publications, 2002.

- Geier John G., Downey E. Dorothy, *Energetics of Personality*, Aristos Publishing House, 1989.

- Hunsaker Phillip L., Alessandra J. Anthony, *The Art of Managing People*, Simon and Schuster, 1986.

- Jung Carl Gustav, *Tipos psicológicos*, Trotta, 2013.

- Kise Jane A. G., Stark David, Krebs Hirsch Sandra, *LifeKeys: Discover Who You Are*, Bethany House, 2005.

- Kroeger Otto, Thuesen Janet, *Type Talk or How to Determine Your Personality Type and Change Your Life*, Delacorte Press, 1988.

- Lawrence Gordon, *Looking at Type and Learning Styles*, Center for Applications of Psychological Type, 1997.

- Lawrence Gordon, *People Types and Tiger Stripes*, Center for Applications of Psychological Type, 1993.

- Maddi Salvatore R., Personality Theories: *A Comparative Analysis*, Waveland, 2001.

- Martin Charles R., *Looking at Type: The Fundamentals Using Psychological Type To Understand and Appreciate Ourselves and Others*, Center for Applications of Psychological Type, 2001.

- Meier C.A., *Personality: The Individuation Process in the Light of C. G. Jung's Typology*, Daimon Verlag, 2007.

- Pearman Roger R., Albritton Sarah, *I'm Not Crazy, I'm Just Not You: The Real Meaning of the Sixteen Personality Types*, Davies-Black Publishing, 1997.

- Segal Marci, *Creativity and Personality Type: Tools for Understanding and Inspiring the Many Voices of Creativity*, Telos Publications, 2001.

- Sharp Daryl, *Personality Type: Jung's Model of Typology*, Inner City Books, 1987. Spoto Angelo, Jung's Typology in Perspective, Chiron Publications, 1995.

- Tannen Deborah, *Tú no me entiendes*, Círculo de lectores, 1992.

- Thomas Jay C., Segal Daniel L., *Comprehensive Handbook of Personality and Psychopathology*, Personality and Everyday Functioning, Wiley, 2005.

- Thomson Lenore, *Personality Type: An Owner's Manual*, Shambhala, 1998.

- Tieger Paul D., Barron-Tieger Barbara, *Just Your Type: Create the Relationship You've Always Wanted Using the Secrets of Personality Type*, Little, Brown and Company, 2000.

- Von Franz Marie-Louise, Hillman James, *Lectures on Jung's Typology*, Continuum International Publishing Group, 1971.

www.ingramcontent.com/pod-product-compliance
Lightning Source LLC
Chambersburg PA
CBHW031207020426
42333CB00013B/834